BECHGYN AM BYTH!

Hela Llygod

Llyfrgelloedd Caerdydd
www.caerdydd.gov.uk/llyfrgelloedd
Cardiff Libraries
www.cardiff.gov.uk/libraries

CAERDYDD
CARDIFF

Felice Arena a Phil Kettle
Addasiad Helen Emanuel Davies

lluniau gan
David Cox

ACC. No: 06011210

Cyhoeddwyd gyntaf ym Mhrydain yn 2006
gan Rising Stars UK Ltd, 22 Grafton Street, Llundain W15 4EX
dan y teitl *Mouse Hunters*

Cyhoeddwyd gyntaf yn Gymraeg yn 2010 gan
Wasg Gomer, Llandysul, Ceredigion, SA44 4JL.
www.gomer.co.uk

ⓑ testun: Felice Arena a Phil Kettle, 2006 ©
ⓑ lluniau: David Cox, 2006 ©
ⓑ testun Cymraeg: APADGOS, 2010 ©

Mae Felice Arena, Phil Kettle a David Cox wedi datgan eu hawl
dan Ddeddf Hawlfreintiau, Dyluniadau a Phatentau 1988
i gael eu cydnabod fel awduron ac arlunydd y llyfr hwn.

ISBN 978 1 84851 141 5

Cedwir pob hawl. Ni chaniateir atgynhyrchu unrhyw ran o'r
cyhoeddiad hwn, na'i gadw mewn cyfundrefn adferadwy, na'i
drosglwyddo mewn unrhyw ddull na thrwy unrhyw gyfrwng,
electronig, electrostatig, tâp magnetig, mecanyddol, ffotogopïo,
recordio, nac fel arall, heb ganiatâd ymlaen llaw gan y cyhoeddwyr.

Noddwyd gan Lywodraeth Cynulliad Cymru.

Argraffwyd a rhwymwyd yng Nghymru gan
Wasg Gomer, Llandysul, Ceredigion.

BECHGYN AM BYTH!

Cynnwys

Jos   *Cai*

PENNOD 1

Llygoden!

Mae Cai a Jos yn sefyll wrth y sied
y tu ôl i dŷ Cai.

Jos Pam mae dy dad yn rhegi?
Mae'n swnio'n grac iawn!

Cai Mae llygoden yn y sied. Mae
Dad yn trio'i dal hi cyn iddi fwyta'r
sied i gyd a dechrau ar y tŷ!

Cai Mae'n gas gen i lygod.

Jos A fi, maen nhw'n codi arswyd arna i.

Cai Beth am i ni ddal y llygoden?

Jos Beth petai hi'n bwyta'i ffordd trwy'ch tŷ chi?

Cai Ie, a fi'n deffro un diwrnod a gweld bod y llygoden wedi bwyta'r tŷ a mod i'n cysgu ar y ddaear.

Jos Dw i ddim yn meddwl y byddai un llygoden yn gallu bwyta tŷ cyfan.

Cai Mae llygod yn gallu bwyta llawer iawn.

Jos Sut wyt ti'n gwbod?

Cai Wel, rhaid eu bod nhw, achos maen nhw bob amser yn chwilio am fwy.

Jos Yn union fel ti!

Cai Reit, sut ydyn ni'n mynd i ddal y
llygoden lwglyd yma sy'n byw yn
sied Dad ac yn gallu bwyta tai?

Jos Wel, rhaid i ni drio meddwl fel
helwyr mawr.

Cai Y rhai sy'n hela llewod a theigrod
yn Affrica?

Jos Ie, rhaid i ni feddwl fel petaen ni ar saffari yn Affrica.

Cai Wel, mae eisiau i ni baratoi. Mae'n rhaid i helwyr mawr edrych fel helwyr mawr.

Jos A chael y gêr iawn i gyd!

Paratoi

Mae'r bechgyn yn mynd 'nôl mewn
i'r tŷ ac yn pacio popeth allai fod ei
angen arnyn nhw yn eu bagiau –
brechdanau Marmite, diod, caws,
binocwlars – a thrap llygod ffrengig
wrth gwrs, yr un mwyaf welodd neb
erioed.

Jos Pam mae angen trap llygod ffrengig arnon ni?

Cai Achos dyna sut ydyn ni'n mynd i ddal y llygoden.

Jos Ond mae trap llygod ffrengig ar gyfer dal llygod ffrengig.

Cai Ydy, dw i'n gwbod, ond rhaid bod y llygoden yma bron mor fawr â llygoden ffrengig . . . ac mae llygod a llygod ffrengig yn perthyn i'w gilydd yn go agos ta beth.

Jos Wyt ti'n meddwl bod llygod
cyffredin yn troi'n llygod ffrengig
wrth iddyn nhw dyfu?

Cai Ydyn, wrth gwrs. Mae hynna'n
gwneud synnwyr, on'd yw e?

Jos Na, ddim mewn gwirionedd. Ond
ta beth, beth wnawn ni nesa?

Cai Rhaid i ni chwilio i weld ymhle
yn y sied mae'r llygoden yn cuddio.

Jos Ie, rhaid i ni hela'r llygoden.

Cai Beth am ddilyn olion ei thraed?
Fe wnân nhw'n harwain ni i ble
mae hi'n cuddio.

Jos Byddai'n rhaid i ti fod yn heliwr
da iawn cyn gallu dilyn olion traed
llygoden. Dyw llygoden ddim fel
eliffant, yn gadael olion traed
enfawr ym mhobman.

Cai Falle gallen ni ddilyn ei baw hi.

Jos Os ydyn ni'n gwneud hynny,
dim ond helwyr baw fyddwn ni.

Cai Rhaid bod ffordd well o ddod o
hyd i'r llygoden.

Jos Beth petaen ni'n sbïo arni
trwy'r tyllau yn wal y sied?

Cai Syniad da.

Jos Byddwn ni fel sbïwyr go iawn . . .
ond sbïwyr llygod fyddwn ni.

Cai Wedyn, pan fyddwn ni'n gwbod
popeth amdani, byddwn ni'n gwbod
sut i'w lladd hi.

Jos Cŵl! Sut ydyn ni'n mynd i'w
lladd hi 'te?

Cai Dyna pam dw i 'di dod â'r trap
llygod ffrengig.

Jos Y cwbl mae'n rhaid wneud yw
rhoi darn o gaws yn y trap.

Cai Yna bydd y llygoden yn camu
ar y trap a . . . *bang*!

Jos Bydd y trap yn cau ar ei phen a
sblat . . . bydd 'i brêns hi ym
mhobman!

Sbïo

Mae Cai a Jos yn dod o hyd i dyllau y gallan nhw sbïo drwyddyn nhw ac maen nhw'n disgwyl am y llygoden.

Jos (yn sibrwd) Pa mor hir wyt ti'n meddwl fydd yn rhaid i ni aros?

Cai (yn pwyntio'i fys) Ddim yn hir.
Edrych, dyma hi'n sleifio ar hyd y
llawr wrth ymyl y wal!

Jos Ew, mae hi'n anferth. Bron mor
fawr â llygoden ffrengig.

Cai Falle'i bod hi wedi bwyta hanner
y sied yn barod!

Jos (yn sibrwd) Mae hi'n edrych yn
glamp o lygoden gryf. Dw i'n meddwl
y gallai hon ymladd yn dda.

Cai Ond fydd hi ddim yn rhoi unrhyw drafferth i helwyr gwych fel ni.

Jos Tybed fyddai hon yn gallu ymladd yn erbyn cath a'i churo?

Cai Dw i'n meddwl y gallai hon guro unrhyw gath.

Jos Gallai. Dw i'n meddwl mai llew yw'r unig gath allai guro hon.

Cai A does dim llawer o lewod o
gwmpas fan hyn.

Jos Ar ôl i ni ddal y llygoden yma,
gallwn ni fynd i Affrica i hela
anifeiliaid gwyllt.

Cai Byddai hynny'n cŵl! Falle
gallen ni hyd yn oed gael ein
rhaglen deledu ein hunain.

Jos Rhaglen o'r enw 'Hela Anifeiliaid Gwyllt'.

Cai Ie, a ni – Cai a Jos – fyddai sêr y rhaglen, yr helwyr gorau'n y byd.

Jos Wel, falle dylen ni ddechrau trwy ddal y llygoden yma gynta.

Y Trap

Mae Cai a Jos yn mynd â'r trap i mewn i'r sied.

Cai Y cwbl mae'n rhaid i ni 'i wneud yw gosod y trap ac aros.

Jos Ond rhaid i ni osod y caws i mewn ynddo'n gynta.

Cai Gwna di hynna.

Jos Pam mae'n rhaid i fi osod y caws yn y trap?

Cai Achos os yw'r trap yn cau wrth i ti osod y caws i mewn, dy fys *di* fydd yn cael 'i ddal ynddo fe, nid fy mys i.

Jos Pam ddylwn i roi fy mys *i*
i mewn? Pam na wnei *di* osod y
caws yn y trap?

Cai Achos mai fi gafodd y syniad o
ddal y llygoden. Rhaid i ti wneud
rhywfaint o'r gwaith.

Jos Dw i'n meddwl y dylen ni
wneud hyn gyda'n gilydd. Fe wna i
ddal y sbring yn ôl a galli di osod
y caws yn y trap.

Cai Iawn. Barod?

Jos Barod. Nawr, rho'r caws i mewn yn gyflym . . . dyna fe!

Cai Does dim i'w wneud nawr ond aros.

Jos Ie, cyn hir bydd y llygoden anferth yna'n dod a *slam*! Bydd y trap yn gwasgu ei brêns hi.

Mae'r bechgyn yn mynd i'w lle y tu
allan i'r sied ac yn disgwyl yn
amyneddgar i'r llygoden ddod.

Cai Edrych, edrych, edrych! Dacw hi!
Jos Mae hi 'di stopio! Mae hi'n
gwbod mai trap yw e, dw i'n credu.
Cai Dere mla'n, lygoden fach. Cer i
gael tamed o'r caws. Mae'n flasus
iawn. Dw i'n gwbod. Fe ges i damed
ohono fy hun.

Jos Edrych, mae'r llygoden wedi newid ei meddwl. Mae hi'n mynd.

Cai Rhaid ei bod hi'n gwbod ei bod hi'n mynd i gael ei lladd.

Jos Wel, roedd hwnna'n syniad da. Ond sut allwn ni ei dal hi nawr?

Cai Edrych, mae hi wedi dod 'nôl ac mae hi wedi dod â dwy ffrind gyda hi.

Jos Mae'i ffrindiau'n edrych yn llawer llai na hi.

Cai Falle taw llygod bach ydyn nhw. Falle mai hon yw eu mam nhw.

Jos O na . . . os ydyn ni'n ei lladd hi, bydd y llygod bach heb fam.

Beth Nesa?

Mae'r bechgyn yn eistedd yn ôl ac yn edrych ar ei gilydd. Efallai nad ydy lladd y llygoden yn syniad da wedi'r cyfan.

Cai Falle na ddylen ni ei lladd hi.
Falle dylen ni ddweud wrthi am
fynd i fyw yn rhywle arall.

Jos Gallen ni fod yn wahanol fath o
helwyr. Gallen ni ddal anifeiliaid
yna'u gadael nhw'n rhydd, neu
falle'u rhoi nhw mewn sw.

Cai Dw i erioed wedi clywed am sw llygod!

Jos Edrych, mae'r llygoden fwya'n arogli'r caws.

Cai Mae hi mewn penbleth. Ydy hi'n mynd i gymryd tamed?

Mae Jos a Cai yn edrych ar ei gilydd. Yna mae'r ddau'n dechrau gweiddi.

Jos a **Cai** *Paid â chyffwrdd â'r caws!!!*

Cai Brysia, rhaid i ni ddad-wneud y trap.

Jos Ond beth ddwedwn ni wrth dy dad?

Cai Gallwn ni ddweud bod y llygoden wedi addo rhoi'r gorau i fwyta'r sied.

Jos Gallwn ni wneud arwydd sy'n dweud 'Dim llygod fan hyn!' a'i osod ar ddrws y sied.

Cai Syniad da.

Mae'r bechgyn yn rhuthro nerth eu
traed at ddrws y sied. Fel maen
nhw'n cyrraedd, maen nhw'n clywed
tad Cai'n gweiddi.

Jos Dw i'n meddwl bod dy dad newydd fynd i'r sied.

Cai Ydy. A dw i'n credu falle'i fod e wedi dod ar draws y trap.

Mae tad Cai yn sefyll wrth ddrws y sied. Mae e'n neidio i fyny ac i lawr ar un droed ac yn dal ei droed arall – sy'n sownd yn y trap!

Jos Wel, o leia ry'n ni wedi achub
y llygoden druan.

Cai Gwell i ni newid yr arwydd.

Jos Ei newid i beth?

Cai 'Rhybudd – Dad yn y sied yn
rhegi.'

Geiriau Gorau
Hela Llygod

Jos

Cai

anifail gwyllt Anifail sy'n treulio llawer o'i amser yn cuddio rhag helwyr.

heliwr Rhywun sy'n hela anifeiliaid gwyllt.

llygoden Anifail bach sy'n byw yn yr ardd, neu sy'n bla yn y tŷ neu'r sied!

llygoden ffrengig Mae hon yn fwy na llygoden gyffredin ac mae ganddi gynffon hir iawn.

trap Mae helwyr weithiau'n defnyddio'r rhain i ddal anifeiliaid.

BECHGYN AM BYTH!

Pethau Pwysig Hela Llygod

☞ Rhaid cadw bysedd eich dwylo a'ch traed i ffwrdd oddi wrth drap sydd wedi ei osod. Cofiwch, gall trap llygod dorri eich bys – a sut fyddech chi'n gallu pigo'ch trwyn wedyn?

☞ Cofiwch wisgo treinyrs os ydych chi'n trio mynd ar ôl llygod. Maen nhw'n eich helpu chi i gerdded yn dawel.

☞ Wrth geisio dal llygoden, gwisgwch fenig cyn ei chodi. Mae llygod yn gallu cario afiechydon, ac os yw'r llygoden eisiau bwyd, gallai hi gnoi!

☞ Cofiwch fod llygod bob amser eisiau bwyd. Mae llygod call yn byw mewn llefydd lle mae llawer o fwyd ar gael.

☞ Er mwyn osgoi cael llygod yn y tŷ, gwnewch yn siŵr nad ydych chi'n gadael bwyd o gwmpas heb gaead na gorchudd arno. Rhowch arwydd ar y drws ffrynt sy'n dweud 'Mae'r holl fwyd dan glo'.

☞ Rhaid blocio bob twll ac unrhyw lefydd eraill yn eich tŷ a'ch sied y gallai llygod ddod i mewn trwyddyn nhw.

☞ Peidiwch â chyffwrdd â'r caws cyn ei osod yn y trap. Mae llygod yn dda iawn am arogli ac os ydyn nhw'n arogli bod rhywun wedi cyffwrdd â'r caws, fyddan nhw ddim yn ei fwyta.

☞ Os nad ydych chi'n gallu dal llygoden sy'n bla yn y tŷ, beth am gael cath? Does dim byd yn well na chath am ddal llygod!

BECHGYN AM BYTH!

Ffeithiau Ffynci

 Roedd y llygoden fwyaf erioed mor anferth nes ei bod hi'n dal cath yn ei cheg. Roedd y llygoden honno'n byw yn Disneyland. Pwy oedd hi? Mici'r Llygoden, wrth gwrs!

 Mae dros 20 o wahanol fathau o lygod a llygod ffrengig.

 Llygod yw'r pla mwyaf cyffredin mewn tai.

 Hoff fwyd llygod yw grawn a hadau, ond fe wnân nhw gnoi bron unrhyw beth rydych chi'n ei adael allan.

 Gall llygod benywaidd gael saith toraid neu fwy o lygod bach bob

blwyddyn, ac ymhob toraid bydd
rhwng pump a saith o lygod bach.

 Mae llygod yn gwneud eu nythod
mewn llefydd cudd, caeëdig. Maen
nhw'n aml yn defnyddio papur
newydd, darnau o ddefnydd
inswleiddio neu bethau meddal eraill
i wneud eu nythod. Maen nhw hyd yn
oed yn defnyddio llinyn.

 Gall llygod gnoi trwy unrhyw beth,
bron. Gallan nhw hefyd wasgu eu
hunain trwy graciau sy'n ddim mwy
nag 1 centimetr o led.

 Peli bach brown tywyll yw baw
llygod. Maen nhw tua 6 milimetr o
hyd. Mae baw llygod ar ôl ble
bynnag mae llygod yn mynd.

BECHGYN AM BYTH!
Holi am Hwyl

1 Ydy llygod yn hoffi caws?

2 Faint o wahanol fathau o lygod a llygod ffrengig sydd i'w cael?

3 Pam mae gan lygod gynffonnau?

4 Sut allwch chi ddweud lle mae llygoden wedi bod?

5 Pwy yw'r llygoden fwya'n y byd?

6 Sawl toraid o lygod bach y gall llygod benywaidd eu cael bob blwyddyn?

7 Pa un sydd fwya, llygoden neu lygoden ffrengig?

8 Beth yw llygod — anifeiliaid anwes neu bla?

Atebion

Beth oedd eich sgôr?

- Os cawsoch chi 8 ateb cywir, rydych chi'n barod i fod yn heliwr llygod go iawn.

- Os cawsoch chi 6 ateb cywir, falle bod angen help arnoch chi i ddal llygod. Gallan nhw fod yn gyfrwys.

- Os cawsoch chi lai na 4 ateb cywir, gwell i chi beidio â thrio dal llygod! Beth am gadw rhai fel anifeiliaid anwes yn lle hynny?

39

Felice → Phil ←

Haia Fechgyn!

Rydyn ni'n cael llawer o hwyl yn darllen a hoffen ni i chi gael yr un hwyl hefyd. Yn ein barn ni'n dau, mae hi'n bwysig iawn gallu darllen yn dda ac mae'n cŵl iawn hefyd.

Dyma rai pethau y gallwch chi eu gwneud i'ch helpu i gael hwyl wrth ddarllen.

Yn yr ysgol, beth am ddefnyddio 'HELA LLYGOD' fel drama gyda chi a'ch ffrindiau'n actorion? Dewch â binocwlars a digon o fwyd ar gyfer yr antur. Oes gan rywun lygod tegan? Ac wrth gwrs, peidiwch ag anghofio dod â thrap llygod!

Reit . . . ydych chi wedi penderfynu pwy fydd Cai a phwy fydd Jos? Nawr, gyda'ch ffrindiau, ewch ati i ddarllen ac actio'r stori o flaen y dosbarth.

Rydyn ni'n cael llawer o hwyl pan ydyn ni'n mynd i ysgolion i ddarllen ein straeon. Ar ôl i ni orffen mae'r plant i gyd yn curo dwylo'n uchel iawn. Pan fyddwch chi wedi gorffen actio'ch drama bydd gweddill y dosbarth yn curo dwylo'n uchel i chi hefyd. Cofiwch gymryd cip allan trwy'r ffenest – rhag ofn bod sgowt o sianel deledu'n eich gwylio!

Mae darllen gartref yn bwysig iawn hefyd, ac mae'n llawer o hwyl.

Ewch â'n llyfrau ni adre a gofynnwch i rywun o'r teulu eu darllen gyda chi. Falle gallan nhw uctio rhan un o'r cymeriadau yn y stori.

Cofiwch, mae darllen yn llawer o hwyl.

Fel dwedodd y pry llyfr . . . mae blas ar lyfr!

A chofiwch . . . Bechgyn am Byth!

Felice

BECHGYN AM BYTH!
Pan Oedden Ni'n Blant

Phil

Felice Wnest ti erioed ddal llygoden pan oeddet ti'n fachgen?

Phil Do, fe wnes i osod trap wrth wely fy chwaer. Ro'n i'n meddwl mod i wedi gweld llygoden yn mynd i mewn i'w stafell hi.

Felice Wnest ti ddal y llygoden?

Phil Na, ond fe ddaliais i rywbeth arall.

Felice Beth?

Phil Bys troed fy chwaer.

Felice Beth ddigwyddodd wedyn?

Phil Wel, fe ges i rywbeth arall hefyd.

Felice Beth?

Phil Gwaith tŷ fy chwaer am fis!

BECHGYN AM BYTH!

Jôc!

C Ydy llygoden yn cario ffon?

A Ydy, yn ei chyn-ffon.

BECHGYN AM BYTH!

BECHGYN AM BYTH!
Ar y fferm
Felice Arena × Phil Kettle
SUSY BOYER

BECHGYN AM BYTH!
Bois y Beics
Felice Arena × Phil Kettle
DAVID COX

BECHGYN AM BYTH!
Dal y don
Felice Arena × Phil Kettle
MITCH VANE

BECHGYN AM BYTH!
Dinas Dŵr
Felice Arena × Phil Kettle
MITCH VANE

BECHGYN AM BYTH!
Diwrnod Ysgol Ofnadwy
Felice Arena × Phil Kettle
MITCH VANE

BECHGYN AM BYTH!
Y Dyn Eira Drwg
Felice Arena × Phil Kettle
SUSY BOYER

BECHGYN AM BYTH!
Gwersylla
Felice Arena × Phil Kettle
DAVID COX

BECHGYN AM BYTH!
Rebels Ceir Rasio
Felice Arena × Phil Kettle
BETTINA GUTHRIDGE

BECHGYN AM BYTH!
Sglefrfyrddio
Felice Arena × Phil Kettle
DAVID COX